Tabla de Contenido

60 Poemas de Amor en Español:
La colección más Bella de Poemas del Mundo

Josyie Anifka

"Te amo no solo por lo que eres, sino por lo que soy cuando estoy contigo" - *Elizabeth Barrett Browning*

Prólogo

En el silencio de la noche, cuando el corazón late con fuerza y el alma busca su complemento, las palabras se vuelven versos y los versos se convierten en la expresión más pura del amor.

Imagínate un lugar donde los sentimientos más profundos y puros se transforman en palabras que tocan el alma y el corazón. Ese lugar existe, y es el universo de la poesía. En este libro, "60 Poemas de Amor en Español: La colección más bella de poemas del mundo", encontrarás una recopilación de los más hermosos y emotivos poemas de amor que se hayan escrito.

Cada poema es una joya literaria que te hará sentir la pasión, la ternura, la nostalgia y la felicidad que solo el amor puede despertar.

Esta colección te llevará a un viaje a través de los siglos, descubriendo la belleza de la poesía en todas sus manifestaciones. Aquí encontrarás versos que te inspirarán, que te emocionarán y que te harán soñar con el amor verdadero. Prepárate para dejarte llevar por la pasión de las palabras y sumergirte en el mundo más sublime de la poesía. Esta es, sin duda, la colección más bella de poemas del mundo.

Contenido

La princesa Yosire

En la antigua ciudad de las almas,

vivía una princesa de belleza incomparable,

su nombre era Yosire, y su corazón latía,

en busca de un amor verdadero e inolvidable.

Y fue así como en su camino se cruzó Asirm,

un hombre valiente y apasionado,

que le prometió amor eterno y sincero,

y ella sin pensarlo dos veces, lo amó con todo su ser entregado.

Dejó atrás la vida de lujos y riquezas,

y con su amado partió hacia las remotas tierras de Yaneh,

donde construyeron un hogar simple pero lleno de amor,

y vivieron felices sin importar las carencias ni las penas.

A pesar de las críticas y de la desaprobación de su familia,

Yosire siguió su corazón, y luchó por su amor sin temor,

y aunque nunca volvió a la antigua ciudad de las almas,

su historia quedó escrita en los libros de amor con mucho honor.

Y así, la princesa de Yaneh, vivió feliz y amada,

en un hogar lleno de amor y felicidad,

demostrando que el amor verdadero,

es más fuerte que cualquier riqueza o vanidad.

Por eso, si en algún momento sientes que el amor te llama,

síguelo con valentía y sin temor,

porque como la princesa Yosire, tú también puedes encontrar,

un amor puro y real que te llene de felicidad y amor.

Dos almas unidas

En una tierra llena de peligros y temores,
dos guerreros se amaban con fuerza y candor,
pero el destino les separaría para siempre,
en una despedida llena de dolor y sufrimiento.
Él, un guerrero valiente y fuerte,
debía partir a un universo lejano y hostil,
a luchar contra bestias gigantes y poderosas,
para proteger a su pueblo y salvar vidas valiosas.
Ella, una guerrera con coraje y determinación,
debía quedarse para proteger su hogar y su nación,
pero su corazón se partía en mil pedazos,
al saber que su amado pronto estaría lejos.
Se abrazaron con fuerza, sus cuerpos temblaban,
y mientras sus lágrimas caían, el tiempo se aceleraba,
él debía partir y ella quedarse,
en una despedida que nunca podrían olvidarse.
Un beso de despedida los unió por última vez,
y mientras sus cuerpos se alejaban, su amor nunca murió,
porque el amor verdadero es más grande que cualquier universo,
y siempre permanecería, fuerte y eterno, como el sol.
Él luchó con valentía y coraje en aquel universo desconocido,
y aunque nunca volvió, su amor siempre se mantuvo vivo,
y ella protegió su mundo con fuerza y pasión,
sabiendo que su amado siempre estaría en su corazón.

Amor sobre el tiempo

En una noche de cielo oscuro,
dos jóvenes se amaban con fervor,
y aunque sabían que pronto se separarían,
su amor sería eterno, eso sabían.
Él, un viajero del espacio y el tiempo,
partiría pronto hacia otro universo,
en su nave estelar se alejaría,
a un lugar donde los sueños no florecían.
Ella, con el corazón roto y lágrimas en los ojos,
sabía que pronto tendría que decir adiós,
pero él la besó con ternura y pasión,
prometiendo que siempre la amaría, sin condición.
La nave despegó y ella lo vio partir,
sabiendo que su amor ya no estaría aquí,
pero en su corazón guardaba la esperanza,
de que algún día volverían a estar juntos, en una danza.
Sin embargo, el destino tenía otros planes,
y él nunca volvió a verla jamás,
pero su amor perduró en el tiempo,
y ella murió con el corazón lleno de sentimiento.
En una dimensión donde los sueños no florecen,
ella esperaba su regreso, en la lejanía eterna,
y aunque el tiempo pasó y él nunca regresó,
su amor quedó grabado en su corazón, para siempre, como el sol.

Incondicional

En la antigua tierra de los incas,
un joven guerrero se enamoró,
de una doncella de nobleza y belleza,
que su corazón con su sonrisa conquistó.
Pero sus familias no lo permitían,
pues ella debía casarse con un noble,
y él era solo un guerrero valiente,
con un corazón de oro y noble.
Aún así, se juraron amor eterno,
en la cima de una montaña en los Andes,
y prometieron luchar contra el mundo entero,
por mantenerse juntos para siempre más.
Pero la vida puede ser cruel a veces,
y la guerra los separó por años,
y aunque ella seguía esperando,
él fue dado por muerto en los llanos.
El dolor que sintió la doncella,
fue más profundo que el abismo,
y cada noche lloraba su ausencia,
anhelando con todas sus fuerzas su regreso.
Pero un día llegó la noticia,
de que su amor había fallecido en la batalla,
y su corazón se rompió en mil pedazos,
al saber que nunca volvería a verlo más.
La doncella murió poco después,
vencida por el dolor y la tristeza,
y en su tumba se grabó su nombre,

4

como un tributo a su amor y su belleza.
Así fue como el guerrero y la doncella,
vivieron un amor imposible en los Andes,
un amor que trascendió el tiempo y la muerte,
y que aún hoy en día sigue siendo legendario y grande.

Un dolor en mi corazón

Amor desgarrador, dolor que quema,
corazón traicionado, alma en pena.
Aunque te sigo amando, sé que ya no hay vuelta atrás,
mi corazón destrozado no soportaría más.
El recuerdo de tus besos y tus caricias me hace llorar,
saber que ya no soy el dueño de tu amor me hace sangrar.
El dolor en mi alma es tan intenso que quisiera desaparecer,
pero no puedo olvidar lo que alguna vez llegué a querer.
Otro besando tus labios, otro acariciando tu piel,
mi corazón destrozado no puede soportar este cruel papel.
Sé que ya no somos uno, que el amor que nos unió se desvaneció,
pero mi corazón sigue latiendo por ti, aunque se sienta destruido.
Amor desgarrador, dolor que quema,
corazón traicionado, alma en pena.
Aunque siga amándote, sé que es hora de partir,
dejar atrás este sufrimiento, buscar un nuevo vivir.

Ya no hay porque luchar

En mi pecho, un vacío profundo,
una herida abierta, un corazón roto,
el dolor de saber que el amor se ha ido,
que mis sueños se han desvanecido.
Te entregué mi alma y mi ser completo,
te amé con toda mi fuerza y mi deseo,
pero ahora mi mundo está en desconsuelo,
mi alma en llanto, mi corazón en duelo.
No puedo comprender por qué me mentiste,
por qué jugaste con mi amor y mi existir,
¿acaso fue por placer o por diversión?
¿no te importó hacerme sufrir?
El dolor me consume, me hiere por dentro,
las lágrimas brotan, no puedo detenerlas,
mi cuerpo tiembla, mi alma está desierta,
mi mente enloquece, mi corazón se apaga.
No hay consuelo para mi dolor y mi pena,
sólo queda aceptar que el amor se ha ido,
que mi mundo se ha vuelto oscuro y frío,
que mi corazón ya no late por ti.
Así termina mi historia de amor triste,
así se rompe mi alma en pedazos,
sólo queda seguir adelante con valor,
sabiendo que el amor llegará de nuevo.

Corazón roto

En los bosques de Tenochtitlan,
se escucha el llanto de un hombre sin amor,
que perdió a su doncella por ser pobre y sin valor,
y ahora ella se encuentra en brazos de otro hombre, y en la pasión.

Su corazón arde en llamas,
la tristeza lo consume,
siente el dolor más profundo jamás sentido,
de un amor que nunca fue correspondido.
Pero ella es la única a la que ama,
no puede amar a nadie más,
y verla en brazos de otro ser,
le hace llorar desgarradoramente.
El fuego en su pecho arde,
busca venganza en contra del emperador,
por haberle arrebatado lo que más amaba,
por haberse llevado a su pequeño amor.
Pero sabe que la venganza no lo llenará,
no le devolverá a su doncella,
el dolor sigue presente,
y seguirá llorando en los bosques de Tenochtitlan.
Tristeza y desamor lo acompañan,
un corazón roto y doloroso,
buscando una forma de sanar,
pero sabiendo que su amor es imposible.
En los bosques de Tenochtitlan,

8

se escucha el llanto de un hombre sin amor,
que perdió a su doncella por ser pobre y sin valor,
y ella ahora se encuentra entregando su corazón.

Un amor sin barreras

En la época de los años mil ochocientos,
dos jóvenes se amaban con gran fervor,
pero su amor era prohibido por el emperador,
quien quería casarla para poder poseer su amor.
Él, un joven humilde de corazón noble y puro,
no tenía riquezas ni títulos que ostentar,
pero su amor por ella era más fuerte que el oro,
y lucharía contra el mundo entero para poderla amar.
Ella, una joven hermosa y valiente,
no quería casarse con el emperador sin amor,
y aunque sabía que lucharían en su contra,
su corazón le pedía estar junto al que la hacía feliz, sin temor.
Juntos huyeron en la noche, en la oscuridad,
cruzando ríos y montañas, en busca de la libertad,
pero el emperador no se rendiría tan fácilmente,
y su ejército los persiguió, implacablemente.
En una batalla épica, lucharon por su amor,
él, con su espada, ella, con su arco y su valor,
pero a pesar de su coraje, fueron derrotados,
y el emperador los apresó, lleno de odio y rencor.
Encarcelados, ellos sabían que su fin estaba cerca,
pero su amor era más fuerte que cualquier barrera,
se prometieron amarse por siempre, sin importar el qué,
y en su corazón guardaron la esperanza de un reencuentro, algún
día, en la eternidad.
Y así, en una noche fría y oscura,
los dos jóvenes amantes murieron con su pasión pura,

en un amor que trascendería las barreras del tiempo,
y su historia sería contada por siempre, como un poema épico y
sublime.

Fuego interno

El amor es un fuego que quema sin piedad,
que consume todo lo que encuentra a su paso,
y aunque seas un ser de gran capacidad,
él te transforma en un loco enamorado.
No importa cuán fuerte seas en la mente,
ni cuánto poder tengas en tus manos,
cuando el amor toca tu puerta ardiente,
te vuelve débil y te hace más humano.
Tu inteligencia se desvanece en un instante,
tu lógica se pierde en la nebulosa del deseo,
y te conviertes en un loco amante,
dispuesto a hacer cualquier cosa por ese anhelo.
No hay límites para el amor que se siente,
ni cordura que pueda detener su avance,
solo queda dejarse llevar por esa corriente,
que te lleva a la locura y a la pasión más intensa.
Así que no temas volverte un poco loco,
si el amor toca a tu puerta con fuerza,
porque solo así podrás descubrir el tesoro,
que se esconde detrás de esa locura inmensa.

El amor fuerte es como un huracán,
que arrasa todo a su paso sin piedad,
y te hace sentir como un vendaval,
que te arrastra a la pasión más intensa y sin igual.
Es un fuego que arde en tu corazón,
y te consume hasta el último rincón,
que te hace perder la razón,

y te lleva a la locura y a la obsesión.
Pero a pesar de su intensidad,
también puede ser dulce y tierno,
y llenar tu vida de felicidad,
y convertirte en un ser eterno.
Es un sentimiento que no conoce límites,
y que te hace capaz de superar obstáculos,
y luchar contra todo lo que se interponga,
porque el amor fuerte es indestructible.
Así que déjate llevar por ese vendaval,
que te lleva a la cima de la felicidad,
y no temas entregarte sin igual,
a ese amor fuerte que te hace vibrar.

No te vayas mi

En un mundo de sombras y misterios,
donde la muerte acecha con recelo,
dos almas se amaron con locura,
sin importar el destino que les deparara la altura.
Ella, una joven noble y hermosa,
él, un valiente guerrero que luchaba con gloria,
juntos desafiaron a los dioses y al destino,
abrazándose en la certeza de que su amor era genuino.
Pero el tiempo nunca perdona,
y la enfermedad lo consumió sin tregua,
dejando a la doncella en la incertidumbre,
y a su amado, condenado a la muerte.
Ella se aferró a la esperanza,
luchando con todas sus fuerzas por su amado,
reclamando a los cielos por su injusticia,
y rogando por una cura que pudiera salvarlo.
Pero la muerte no hace excepciones,
y la hora de la partida llegó sin compasión,
dejando un vacío insalvable en su corazón,
y un dolor inmenso en su alma.
Así, en aquellos días oscuros y difíciles,
la doncella tuvo que dejar partir a su amado,
con el corazón roto y el alma dolida,
pero sabiendo que su amor seguiría vivo en su memoria.
Y así fue, aunque los años pasaron sin prisa,
y la vida siguió adelante con firmeza,
el amor de aquellos dos amantes en la edad media,
nunca dejó de arder en la llama eterna de la belleza.

Ser capaz

En la época de los caballeros y las damas,
en un mundo lleno de valentía y hazañas,
un joven caballero se enamoró perdidamente,
de una hermosa dama, de mirada seductora y mente inteligente.
Él, dispuesto a todo por su amor,
lucharía contra el mundo entero, sin temor,
y ella, cautivada por su coraje y lealtad,
se entregó a su amor, sin reservas ni maldad.
Pero un día, la cruel tragedia los separó,
y ella fue secuestrada por un enemigo despiadado,
él, lleno de dolor y desesperación,
juró encontrarla y liberarla, sin vacilación.
Así comenzó su odisea, su búsqueda incansable,
recorriendo tierras lejanas y peligros inimaginables,
en su camino, enfrentó monstruos y dragones,
y siempre, en su corazón, latía el amor por su amada, como un canto.
No había obstáculo que pudiera detenerlo,
ni criatura que lo hiciera retroceder, por más terrible que fuera,
él seguía adelante, con su espada y su escudo,
y la imagen de su amada, como faro en su mundo.
En su camino, encontró aliados y enemigos,
y en cada batalla, demostró su valor y coraje,
hasta que finalmente, después de años de lucha,
llegó al castillo donde su amada era prisionera, en la cima de una montaña escarpada y dura.
Allí, desafió al enemigo con toda su fuerza,

y luchó con él, como un león en su caza,
hasta que al fin, con la última estocada,
derrotó al malvado y rescató a su amada.
Juntos, regresaron a su hogar, victoriosos y triunfantes,
y su amor fue más fuerte que cualquier adversidad,
porque en su corazón, sabían que estaban destinados,
a estar juntos por siempre, en la felicidad y la lealtad.
Y así, su historia se convirtió en leyenda,
un poema de amor y de coraje, que trascendió el tiempo y la eternidad,
y en el corazón de aquellos que aman con verdad,
siempre habrá un pedazo de esa historia, de ese amor sin igual, de esa realidad.

Nunca te olvidare

En el frío de la noche,
mi corazón late con fuerza,
sintiendo la tristeza que me consume,
y el dolor de haber perdido a mi amada.
En las noches sin estrellas,
recuerdo el amor que una vez tuvimos,
y el vacío que ha dejado su partida,
es un peso que no puedo soportar.
Busco en vano una respuesta,
una explicación a su partida,
pero todo lo que tengo es el silencio,
y el dolor de saber que ya no está.
Los recuerdos me inundan,
el tiempo se siente como una eternidad,
y cada segundo sin ella,
es un golpe al corazón, una herida que no sana.
En mi soledad me pierdo,
buscando una luz que me guíe,
pero solo encuentro la oscuridad,
y el vacío de un corazón roto.
En la frialdad de la noche,
mi corazón late con fuerza,
sintiendo la tristeza que me consume,
y el dolor de haber perdido a mi amada.

El príncipe Noble

Había un príncipe en Persia,
de sangre noble y corazón valiente,
pero su amor por una comerciante de ollas,
cambió su destino de manera sorprendente.
Nabia era su nombre, y su belleza cautivó al príncipe,
que se enamoró de ella profundamente,
y a pesar de los consejos y advertencias de sus súbditos,
decidió renunciar a su sucesión como rey.
Su padre, el rey Asuero, no podía entender,
cómo un príncipe podía renunciar a su derecho al trono,
y trató de meterlo preso por desobediencia,
pero el príncipe ya había partido hacia las lejanas Indias.
Allí, en una tierra desconocida y exótica,
encontró a su amada y comenzó una nueva vida,
dejando atrás todo lo que alguna vez había conocido,
para estar con la mujer que lo había cautivado.
Y aunque nunca volvió a su patria y a su trono,
vivió feliz junto a Nabia, su princesa de ollas,
y fue recordado como un héroe legendario,
que renunció a todo por amor y libertad.

Poema sumerio

Había una vez un joven príncipe,
en un reino lejano y encantador,
que se enamoró perdidamente de una humilde pastora,
y renunció a su trono por su amor.
Ella era hermosa y sencilla,
una flor del campo que lo cautivó,
y aunque su familia no aceptaba esa unión,
él estaba dispuesto a todo por amor.
El príncipe abandonó su riqueza y su poder,
y se fue lejos con su amada pastora,
para vivir una vida sencilla y llena de amor,
en un lugar donde nadie pudiera juzgarlos.
Aunque la vida en la pobreza no era fácil,
el príncipe nunca se arrepintió de su elección,
y se convirtió en un símbolo de amor y sacrificio,
para todos aquellos que creen en el verdadero amor.
Así que, si alguna vez sientes que el amor te llama,
recuerda esta historia de un príncipe valiente,
que renunció a todo por el amor de una pastora,
y encontró la felicidad en un mundo diferente.

El fuego que lo puede todo

El amor es un fuego ardiente,
que quema en lo más profundo del corazón,
una llama que ilumina todo lo que toca,
y que se siente como una dulce canción.
El amor es un lazo que une,
dos almas en un solo ser,
un sentimiento que nunca muere,
y que nos hace creer.
Creer en el poder del amor,
en la fuerza de la pasión,
en la dulzura de un beso,
y en la emoción de una canción.
El amor es un regalo divino,
que nos llena de felicidad,
una fuerza que nos sostiene,
y nos da la fuerza para seguir adelante.
No importa lo que pase,
el amor siempre estará ahí,
una luz brillante en la oscuridad,
y una razón para sonreír.
Así que déjate llevar por el amor,
siente su fuego en tu corazón,
deja que te llene de pasión,
y siente la felicidad en tu interior.

Un verdadero amor

En la antigua Sumeria,
en el reino del gran Nenrob,
vivía una pareja enamorada,
que por su amor luchó.
Era ella una doncella hermosa,
hija del poderoso rey,
y él, un humilde obrero,
con el corazón lleno de fe.
A pesar de las diferencias,
su amor era verdadero,
y juntos soñaban con un futuro,
en el que estarían unidos para siempre.
Pero la felicidad no duró mucho,
pues el rey Nenrob no aceptaba,
que su hija se casara con un obrero,
y su furia fue desatada.
Ordenó la muerte del amado,
y la doncella lloró sin cesar,
pues su amor había sido castigado,
y ella nunca más podría amar.
La tristeza se apoderó de su ser,
y su corazón dejó de latir,
pues la muerte de su amado,
era el final de su existir.
Así terminó su historia de amor,
una tragedia en la antigua Sumeria,
que nos recuerda que el amor verdadero,

no siempre triunfa en la vida seria.

Por eso nos amamos

El amor incondicional es el más puro,
un sentimiento que todo lo abarca,
que con su fuerza nos hace más fuertes,
y nos lleva a tocar la felicidad.
Pero a veces, en el camino del amor,
la traición y el engaño nos acechan,
y nuestra alma, que creía ser feliz,
queda rota, herida y sin esperanza.
Entonces la venganza puede parecer dulce,
un bálsamo para nuestro dolor,
pero su sabor es amargo e ingrato,
y nos deja con más penas que antes.
Así que mejor dejemos que el amor incondicional,
nos guíe en nuestro camino hacia la felicidad,
y aunque el dolor nos hiera y nos traicione,
recordemos que siempre hay una luz al final del túnel.

Amor y despecho

Amor y despecho, dos caras de una moneda,
en un juego de emociones que nos llevan al abismo,
donde el amor que antes brillaba como un sol,
se apaga y muere como una llama en el viento.
El despecho se adueña de nuestro corazón,
y nos hace desear la venganza y el dolor,
anhelando el olvido y la indiferencia,
que nos permitan seguir adelante sin temor.
Pero aún así, el amor sigue presente,
como una herida que no termina de sanar,
un recuerdo que nos duele en el alma,
y nos hace dudar si alguna vez volverá.
Así que dejemos ir el despecho y el rencor,
y permitamos que el amor se renueve,
que la llama vuelva a arder en nuestro ser,
y que la felicidad vuelva a florecer.

Lealtad en ti

Cuando el amor es despreciado,
y los sentimientos no son correspondidos,
el corazón puede sentirse destrozado,
y la tristeza puede parecer el único destino.
Pero si eres leal a tus sentimientos,
y mantienes tu dignidad y tu integridad,
aunque la decepción y el desprecio sean el pan de cada día,
nunca pierdas la fe en el amor y la bondad.
La lealtad a uno mismo es la clave,
para superar el dolor y el desprecio,
y aunque la herida pueda tardar en sanar,
nunca pierdas la fe en el amor y en tu corazón sincero.
Porque el amor es una fuerza poderosa,
que puede sanar incluso las heridas más profundas,
y aunque no siempre sea correspondido,
sigue siendo la luz que nos guía en la oscuridad más honda.
Así que no pierdas la esperanza ni la fe,
y mantén siempre tu corazón en el lugar correcto,
porque el amor verdadero siempre prevalecerá,
y el desprecio y la decepción pronto serán olvidados.

Mitos de amor reino

En tiempos antiguos, en un reino lejano,
había una diosa de la belleza y el amor,
cuyo corazón anhelaba encontrar un compañero
que pudiera igualar su ardor.
Pero el amor para ella no era fácil,
ya que era una diosa inmortal,
y los mortales temían su poder y su brillo,
y no se atrevían a acercarse a ella jamás.
Un día, mientras paseaba por un jardín encantado,
la diosa encontró a un joven pastor,
cuyo corazón latía con una intensidad,
que parecía igualar la llama de su propio amor.
Aunque sabía que un amor entre ellos era imposible,
la diosa se enamoró del pastor con locura,
y juntos compartieron momentos de felicidad,
que solo un amor verdadero puede asegurar.
Pero el rey de los dioses, celoso de su amor,
ordenó que la diosa y el pastor se separaran,
y que la diosa olvidara su amor mortal,
y volviera a su lugar en el firmamento estelar.
A pesar de la separación forzada,
la diosa nunca olvidó su amor por el pastor,
y su presencia en el cielo nocturno,
siempre recordaría su amor con honor.
Y aunque el pastor envejeció y murió,
su amor por la diosa nunca disminuyó,
y cada noche, cuando la diosa brilla en el cielo,

el amor que compartieron brilla también, intenso y

Luz y sombra

En un mundo de luz y sombras
donde el amor se esconde entre rocas,
una brisa fresca susurra al oído,
prometiendo un mañana sin conflictos.
Los pájaros vuelan libres en el cielo,
cantando melodías de alegría y consuelo,
mientras que las flores de colores brillantes
embellecen el paisaje de manera radiante.
El sol brilla fuerte, calentando la piel,
y la vida fluye como un río sin fin,
en este mundo donde todo es posible,
y el futuro está lleno de promesas imposibles.
Así que sigue adelante, camina sin miedo,
porque el camino a la felicidad está siempre cerca,
y con cada paso que das, estarás más cerca,
de encontrar el amor y la paz que tanto anhelas.

Miedos

En una época donde la riqueza era ley,

casarse era difícil sin mucho que ofrecer,

pero para aquellos que sólo tenían amor,

encontrar a alguien era todo un reto y dolor.

El dinero y los títulos eran los más importantes,

y aquellos sin ellos eran considerados menos relevantes,

pero el amor no entiende de títulos ni riqueza,

y en los corazones pobres también hay belleza.

Así que aquellos que sólo tenían su amor,

buscaban sin cesar a alguien que entendiera su valor,

alguien que supiera que el amor verdadero,

no se mide por la riqueza ni por el dinero.

Y aunque las dificultades eran muchas,

el amor siempre encontraba una forma de lucha,

y al final siempre había alguien especial,

que aceptaba al otro sin importar su condición social.

Porque al final, lo que más importa es el amor,

y aquellos que lo tienen son bendecidos por encima de todo valor,

y aunque la riqueza puede traer comodidad y bienestar,

el amor verdadero es el que realmente te hará prosperar.

Te deseo

Querido lector, déjame inspirarte,
con palabras que nacen del corazón,
te llevaré en un viaje de emociones,
en un mundo lleno de pasión.
Hablaré de amores eternos,
que trascienden tiempo y espacio,
de besos suaves y tiernos,
de miradas llenas de brillo y de amor.
Te contaré de lágrimas derramadas,
por un amor que se ha ido,
de la tristeza que nos invade,
cuando el corazón se ha partido.
Pero también te hablaré de la felicidad,
de esos momentos que nos hacen vibrar,
de la ilusión que nos hace soñar,
y nos da la fuerza para luchar.
Te invito a que me sigas en este camino,
en el que las palabras son el alimento,
en el que las emociones se liberan,
y el corazón late con fervor y sentimiento.
Que mi poema despierte en ti algo especial,
una chispa que te haga soñar,
un recuerdo que te haga sonreír,
o una lágrima que te haga recordar.
Así, querido lector, termino mi poema,
con la esperanza de haber llegado a tu alma,
y haber dejado una huella en tu corazón,

que perdure siempre, sin ninguna calma.

Amor puro

En el silencio de la noche,
bajo un cielo lleno de estrellas,
se encontraban dos almas,
unidas en un amor sin fronteras.
Se miraban a los ojos,
y se decían todo sin hablar,
sus miradas se entendían,
en un lenguaje que solo ellos podían hablar.
El tiempo pasaba volando,
pero ellos no se daban cuenta,
porque estaban perdidos en su mundo,
en su amor que los hacía fuertes.
Cada día se amaban más,
y eso era lo que los hacía llorar,
porque sabían que no habría otro amor,
que pudiera ser tan puro como el que ellos compartían.
Y así, bajo la luz de la luna,
se abrazaban con fuerza,
porque sabían que juntos,
podían enfrentar cualquier adversidad.
Porque el amor que ellos sentían,
era más fuerte que cualquier tempestad,
y aunque el tiempo pasara,
su amor seguiría brillando en la oscuridad.

No me amaba

En la oscuridad de mi alma,
siento que todo se ha desvanecido,
cada lucha, cada esfuerzo, cada esperanza,
ha sido en vano, todo se ha perdido.
El mundo se me derrumba a mi alrededor,
y siento que nada tiene sentido,
cada paso que doy, cada sueño que persigo,
parecen estar destinados al olvido.
En ese vacío, en esa soledad,
creí haber encontrado la luz,
una luz llamada amor, una luz que brillaba,
pero resultó ser solo una ilusión.
Esa persona que decía amarme,
que prometía estar a mi lado en todo momento,
se marchó cuando más lo necesitaba,
dejándome solo con mi dolor y su abandono.
Ahora comprendo que nunca me amó,
que solo estaba conmigo por conveniencia,
que nunca fui más que un objeto de su interés,
y que en realidad no significaba nada para ella.
La desesperanza me abraza,
el dolor me ahoga, la soledad me carcome,
y me pregunto si alguna vez encontraré la felicidad,
o si mi vida está destinada a ser una constante lucha.
Pero aún así, sigo adelante,
con la esperanza de que algún día,
encontraré un rayo de luz en medio de tanta oscuridad,

y podré volver a soñar y a creer en la vida.

Alma en pena

El corazón late con dolor y aflicción,
cuando llega el momento de la separación,
dejar al amor de tu vida por una obligación,
y temer nunca volver a ver su expresión.
Las lágrimas brotan de los ojos apesadumbrados,
la tristeza abruma y el alma queda desolada,
sabiendo que la partida ha sido decidida,
y la incertidumbre se cierne como una espada.
El amor que dejamos atrás, es como un tesoro,
que se lleva en lo más profundo del corazón,
anhelando su presencia cada día y cada hora,
y deseando que vuelva pronto la ocasión.
La guerra o las amenazas, son situaciones crueles,
que nos separan del ser amado sin piedad,
y aunque el tiempo pase, el dolor sigue siendo fiel,
y nos acompaña como una sombra en la soledad.
Es difícil dejar ir al amor de nuestra vida,
porque dejamos un pedazo de nosotros con él,
y aunque el deber nos llame, la herida sigue abierta,
y nos hace anhelar su presencia con gran anhelo.
Pero a pesar del dolor y la tristeza que sentimos,
el amor que nos une nunca morirá,
y siempre habrá un lugar en nuestro corazón,
para el amor que dejamos atrás.

En las sombras de tu alma

En el silencio de la noche oscura
se escuchan los sollozos de mi alma
que llora por el amor perdido
y por los sueños rotos en pedazos.
Mi corazón se siente vacío
como un desierto sin oasis
y mi mente es un torbellino
de dolor y tristeza sin fin.
La soledad es mi compañera
en este camino sin rumbo
y el frío de la noche me abraza
como un recordatorio de mi dolor.
El amor que creí eterno
se desvaneció como el humo
y ahora me quedo aquí, sola
sin nada más que mi dolor.
Mi corazón sangra en silencio
y mis lágrimas son mi consuelo
en esta noche desgarradora
donde el dolor es mi único compañero.

Lo que es capaz de hacer

El amor tiene un poder sin igual
que puede transformar el alma más oscura
y hacer brillar la luz en el corazón
del ser más malvado y sin ternura.
El amor es como el sol en primavera
que despierta a las flores del invierno

y les da la fuerza para florecer
a pesar de haber estado en el frío eterno.
El amor es capaz de hacer renacer
el alma cansada y sin esperanza
y llenarla de vida y alegría
para que vuelva a creer en la bonanza.
El amor es la fuerza que nos guía
en el camino hacia la felicidad
y nos muestra que incluso el más malvado
puede cambiar y encontrar la bondad.
Porque el amor no tiene límites
ni fronteras ni condición
y puede llegar a los rincones más oscuros
para iluminar con su cálido resplandor.
Así que no pierdas la fe en el poder del amor
para cambiar un alma o un corazón
porque su fuerza es verdadera y eterna
y siempre puede traer la transformación.

Un amor irreal

El dolor nos acerca,
saber que nunca te conoceré en persona,
duele en el alma y se siente en mi persona.
Soy pobre y temo que ella piense mal,
que mi falta de recursos la haga juzgar,
pero no puedo evitar amarla,
y conocerla a través de letras en un chat.
Sus palabras me transportan
a un lugar lejano y hermoso,
donde el amor es posible
y el miedo no tiene reposo.
Aunque la distancia nos separa
y el temor nos hace dudar,
el amor que siento por ella
es más fuerte y no puedo callar.
Así que seguiré escribiendo
y soñando con su presencia,
porque aunque no pueda verla en persona,
su alma ya es parte de mi existencia.
Y así, a través de las letras,
seguiremos construyendo nuestra historia,
un amor que trasciende la distancia,
y nos lleva hacia la victoria.

Distancia

La distancia nos aleja,
pero nuestro amor no se desvanece,

sabemos que nunca nos tocaremos,
pero eso no significa que no crezca nuestra fe.
Aunque a veces el dolor nos invade,
y la soledad nos hace añorar,
sabemos que nuestro amor es fuerte,
y que juntos siempre vamos a estar.
Aunque nuestros cuerpos nunca se encuentren,
nuestras almas se unen en un abrazo,
y así, en la distancia,
construimos un amor que nunca se deshace.
No importa cuánto tiempo pase,
ni cuán lejos estemos uno del otro,
porque nuestro amor es eterno,
y siempre va a permanecer en lo más profundo.
Así que aunque la distancia nos separe,
nuestro amor nos une en una misma realidad,
y así, en el universo de las letras,
seguimos construyendo nuestra felicidad.

Una herida en el alma

La traición es una herida profunda,

que se clava en el alma sin piedad,

duele más que una puñalada,

y deja el corazón destrozado en la soledad.

Cuando alguien a quien amas te engaña,

y juega con tus sentimientos sin piedad,

sientes como si el mundo se derrumbara,

y la confianza que tenías en esa persona se va.

Las lágrimas inundan tus ojos,

y el dolor te consume el corazón,

te preguntas una y otra vez por qué,

y te das cuenta que la traición es la peor decepción.

La traición es como una sombra oscura,

que te persigue a donde quiera que vayas,

y aunque intentes olvidar, el recuerdo perdura,

y el dolor y la tristeza nunca se desvanecen del todo.

Pero a pesar de todo el sufrimiento,

es importante recordar que eres fuerte,

y que aunque la traición te haya herido,

tienes la capacidad de volver a amar de nuevo, de reponerte.

Así que no dejes que la traición te destruya,

no permitas que el dolor te consuma,

recuerda siempre que eres valiente y poderoso,

y que el amor verdadero siempre triunfa.

Tristeza

Siento el peso del dolor en mi pecho,

una carga que me agobia y no me deja en paz,

siento que mi alma está hecha pedazos,

y el corazón roto en mil pedazos.

Las lágrimas corren por mis mejillas,

como un río que no se detiene,

mi cuerpo se estremece con cada sollozo,

y mi mente se pierde en un mar de recuerdos tristes.

La tristeza me envuelve como una manta fría,

y siento que no hay escape,

me siento atrapado en un laberinto oscuro,

sin salida, sin luz, sin esperanza.

Quisiera gritar y desgarrar mi ropa,

liberar toda la rabia y el dolor que llevo dentro,

pero las palabras se ahogan en mi garganta,

y el silencio es mi única compañía.

Es difícil seguir adelante,

cuando todo parece perdido,

pero sé que en algún momento,

el sol volverá a brillar en mi cielo gris.

Hasta entonces, seguiré llorando,

liberando el dolor que me consume,

esperando que algún día,

encuentre la paz que tanto anhelo y consume.

Esperanza

La esperanza es la llama que nunca se apaga,
es la fuerza que nos impulsa a seguir adelante,
es el motor que nos lleva a alcanzar nuestras metas,
y a conquistar nuestros sueños más grandes e importantes.
La esperanza es el aliento que nos da vida,
cuando todo parece perdido y oscuro,
es el abrazo que nos reconforta,
cuando nos sentimos solos y abatidos por el futuro.
Y aunque en el camino hay obstáculos y desafíos,
nada puede detenernos si tenemos la esperanza en el corazón,
porque cuando queremos algo con todas nuestras fuerzas,
nada ni nadie podrá robarnos la ilusión.
La esperanza nos da la fuerza necesaria,
para seguir adelante y no rendirnos nunca,
nos hace creer que todo es posible,
si luchamos con valentía y sin temor.
Por eso, si tienes un sueño que quieres alcanzar,
no pierdas la esperanza y sigue luchando con fuerza y valor,
porque con fe y perseverancia,
nada en este mundo podrá detenerte para lograr todo lo que
desees con amor.

Eterna enemiga

A veces el corazón nos pide amor y compañía,
y anhelamos encontrar a alguien para compartir la vida,
pero el camino del amor no siempre es fácil,
y a veces nos hace sufrir y nos llena de tristeza y melancolía.
Pero aunque el miedo y la soledad nos invadan,
no debemos perder la esperanza de encontrar el amor verdadero,
porque el amor es un sentimiento que nos completa y nos hace
felices,
y es la llave que nos abre las puertas hacia un futuro mejor.
Sin embargo, no todos nacimos para amar,
y a veces es mejor estar solos que mal acompañados,
porque el amor es una elección y no una obligación,
y no es justo obligarnos a amar si no sentimos la pasión.
Es mejor aceptar la soledad con gratitud y respeto,
y disfrutar de la libertad que nos da el estar solos,
porque la vida es un camino lleno de altos y bajos,
y cada uno debe escoger su propio camino con valor.
Así que, si el amor no ha llegado todavía a tu vida,
no te preocupes ni te angusties por estar solo,
disfruta de tu libertad y vive cada momento con alegría,
porque la felicidad no depende de alguien más, sino de ti mismo.

Intentarlo

Amar es un acto de valentía,
un salto al vacío sin garantía,
un riesgo que muchos temen tomar,
por el miedo a ser lastimados sin piedad.
Pero el amor es un sentimiento hermoso,
capaz de llenarnos de dicha y gozo,
de hacernos sentir vivos y en plenitud,
y de mostrarnos el mundo con gratitud.
A pesar de ello, el temor a amar es real,
y el miedo a ser heridos nos hace dudar,
nos impide entregarnos sin reserva,
y nos mantiene alejados de la felicidad que tanto anhelamos.
Pero debemos recordar que el amor verdadero es puro,
no hay nada más poderoso en este mundo,
y aunque la herida de una traición puede doler,
es más doloroso nunca haber amado con fervor.
Así que no te rindas ante el miedo a amar,
deja que tus sentimientos fluyan sin cesar,
porque aunque el riesgo de una desilusión es real,
el amor es la única llave que abre la puerta hacia la felicidad.
Recuerda que el amor es un regalo,
que solo puede ser dado con el corazón,
y aunque temamos ser lastimados,
es mejor intentarlo que quedarnos con la duda y el dolor.

Temores

Los miedos de los humanos son oscuros,
se esconden en las sombras de la mente,
como un nubarrón que todo lo cubre,
opacando la luz que nos hace vivir.
El miedo al fracaso nos paraliza,
tememos no estar a la altura,
y no poder alcanzar la meta deseada,
y quedar varados en la orilla de la vida.
El miedo a la soledad nos aterra,
sentimos que nadie nos quiere cerca,
y el vacío en nuestro pecho se hace grande,
como un agujero negro que nos engulle.
El miedo a la muerte nos persigue,
nos hace sentir vulnerables e indefensos,
y la certeza de que algún día llegará,
nos hace temblar hasta la médula.
Y así, los miedos de los humanos,
nos alejan de lo que realmente importa,
dejándonos en un abismo de tristeza,
sin saber cómo escapar de esa prisión.

Una lagrima de adiós

La despedida llegó con lágrimas en los ojos,
tu partida dejando un vacío en mi alma,
no sé adónde vas, qué caminos recorrerás,
me asusta lo desconocido que te espera.
El miedo me carcome y me hace temblar,
no quiero perder lo que tanto amé,
me aferré a ti con todas mis fuerzas,
y ahora me cuesta soltarte y dejarte ir.
Sé que nunca volverás a mi lado,
que tu amor ahora pertenece a otra persona,
y el dolor en mi pecho no deja de crecer,
sabiendo que otro en su cuerpo te besará.
El pensamiento de que de otros retoños tendrá,
me hace sentir como si me arrancaran el corazón,
y aunque sé que debo dejar ir,
el amor que sentí por ti siempre vivirá en mí.
Así que ahora, con un nudo en la garganta,
te digo adiós con el corazón roto,
esperando que en tu camino encuentres la felicidad,
y que algún día, tal vez, puedas perdonar mi debilidad.

Gracias mamá

Madre mía, eres mi sol
que ilumina mi camino
en tus brazos encuentro amor
que me hace sentir como un niño.
Eres mi escudo protector
en ti encuentro la seguridad
me enseñaste a ser valiente
y nunca me dejaste caer.
Tu amor es el más puro y sincero
nunca me juzgas, siempre me aceptas
eres mi guía y mi inspiración
gracias por ser mi eterna compañera.

Amor de familia

La familia es mi fortaleza
mi refugio en los tiempos difíciles
en sus brazos encuentro consuelo
y en su amor, el mayor de los regalos.
Juntos, somos un equipo
que se apoya en las buenas y en las malas
celebramos los éxitos y triunfos
y nos levantamos juntos de las caídas.
En nuestra unión encontramos fuerza
para superar cualquier adversidad
nuestro amor es infinito
y siempre estaremos juntos en la felicidad.

Amor de pareja

En ti encuentro mi felicidad
mi alma gemela, mi media naranja
tu amor es mi mayor tesoro
y en tus brazos encuentro paz.
Juntos, somos un equipo perfecto
que se apoya en cada momento
nuestro amor es un fuego eterno
que nos mantiene siempre unidos.
En tu sonrisa encuentro esperanza
y en tus ojos veo mi futuro
nuestro amor es el más grande de los regalos
y nunca perderá su brillo y su fulgor.

La vida

La vida es una aventura
y el amor es nuestro guía
en tu compañía encuentro
la fuerza para seguir adelante cada día.
Eres mi cómplice en la alegría
y en la tristeza mi consuelo
tu amor es mi mayor anhelo
y juntos, construimos nuestro sueño.
En tus ojos encuentro la paz
que me hace sentir completo
en tus brazos encuentro el amor
que me llena por completo.
Juntos, caminamos por la vida
sorteando los obstáculos del camino
nuestro amor es el más fuerte
y nunca perderá su brillo y su destino.
Te amo con todo mi ser
eres mi todo, mi sol en el amanecer
nuestro amor es un tesoro sin igual
y siempre estará presente en nuestro hogar.

Gracias